美乳は育てるもの

おっぱい番長こと、「乳トレ」考案者の朝井麗華です。
「すべての女性を健康で美しくしたい」という思いで、整体師をしております。

この「乳トレ」、元々は肩コリをケアする技です。
サロンにいらっしゃるお客様の頑固な肩こりをもっと楽にして差し上げたい、
と研究を重ねました。
年齢に関係なく、肩コリの方はバスト周りの筋肉がカチカチなのです。
それをほぐしていっていたところ、たくさんの女性のお客様から
「バストが上がった」
「バストがふっくらしてボリュームが増した」
「バストの形がきれいになった」
との嬉しい反応が増えていったのです。
そうして「美バストに効く肩こりメソッド」はますます強化されて、
築き上げられました。

一方、私自身は母の貧乳を間近で見て育ち、幼少期より
「あんなふうになりたくない！ 女性たるものバストは美しくなくては‼」
と思っておりました。
ですから、バストへの関心は高く、
整体師になる以前より自己流でせっせとバストマッサージに励んで参りました。
そのおかげで２カップのサイズアップ！
位置と形も見事な努力の賜物の美バストをゲットしました。
自身のバストへの情熱と整体師としての美乳に効く肩こり解消メソッド、
この２つが融合して「乳トレ」は誕生したのです。

美乳はつくるものです。
一緒に美乳を育てましょう！
ただし、「おっぱい番長」はスパルタですので、
ちゃんとついてきてくださいね。

2015年５月　朝井麗華

このDVDbookの使い方

DVDだからこそわかるコツやポイント！

　このDVDbookで紹介しているメソッドは、すべて朝井麗華の動画とともにレッスンできるようになっています。
　「乳トレ」メソッドの効果を確実に得るために、ぜひDVD映像を見ながら一緒に「乳トレ」を楽しんでください。

　最初から全部やるのもよし、自分の悩みに合わせてセレクトするもよし、使い方はいろいろ。
　DVD映像だからこそわかるコツ・ポイントをマスターしてください！

メインメニュー

- 美乳をつくる乳トレ　→　📖 p28-47
- 美乳をつくる乳トレ・エクササイズ　→　📖 p50-54

DVDだけの特典映像

番外編　ダメ乳を瞬間豊胸！
おっぱい番長のスパルタ・ブラ道場

美乳をつくる乳トレ

朝井麗華の推拿（すいな）、中医学をミックスさせた、オリジナルのバストメソッド。凝り固まった筋肉をほぐし、バストまわりのあらゆる肉を根こそぎ美乳に変身させるメソッドです。バストだけでなく、肩コリ、背中の強張り、姿勢矯正にもつながり、美ボディを目指せます。

美乳をつくる乳トレ・エクササイズ

略して「乳エク」！ 体の中から美乳をつくるエクササイズ。自分自身の体のポテンシャルを上げることができるので、「乳トレ」と合わせて行うことで、より完璧な美乳をメイクできます。

DVDだけの特典映像

番外編 ダメ乳を瞬間豊胸！おっぱい番長のスパルタ・ブラ道場

「明日まで待てない！」。そんな読者の悩みに応えて、瞬間豊胸のブラジャーのつけ方を伝授。「垂れ乳」「削げ乳」「貧乳」でお悩みの読者3人が驚異の変化！
間違いだらけのブラのつけ方を徹底チェック。読者の皆さんも今日から変身できます。

● DVD-Videoについて
＊DVD-Videoとは映像と音声を高密度に記録したディスクです。DVD-Video対応のプレーヤーで再生してください。
＊このディスクは、特定の国や地域でのみ再生されるように作製されています。したがって、販売対象として表記されている国や地域以外で使用することはできません。
＊このタイトルは、16:9画面サイズで収録されています。
＊このDVDは、一般家庭内での私的鑑賞にご使用ください。このディスクに収録されている内容を、権利者に無断で複製、改変、放送（無線・有線）、インターネット（無線・有線）等による公衆配信、上映、販売、レンタルすることは、法律により禁じられています。
＊本DVDは付録として作製されています。書籍の内容を補足する情報としてご利用ください。
＊DVD再生プレーヤーの操作方法などは、ご使用のプレーヤーの取扱説明書をお読みください。

● 取り扱い上のご注意
＊ディスクの両面とも、指紋、汚れ、傷等をつけないように取り扱ってください。また、ディスクに対して大きな負荷がかかると微小な反りが生じ、データの読み取りに支障をきたす場合がありますのでご注意ください。
＊ディスクが汚れたときは、メガネふきのような柔らかい布を軽く水で湿らせ、内側から外側に向かって放射線状に軽く拭き取ってください。レコード用クリーナーや溶剤等は使用しないでください。
＊ディスクは両面とも、鉛筆、ボールペン、油性ペン等で文字や絵を書いたり、シール等を貼付したりしないでください。ひび割れや変形、または接着剤等で補修されたディスクは危険ですから絶対に使用しないでください。また、静電防止剤やスプレー等の使用は、ひび割れの原因となることがあります。
＊使用後は、必ずプレーヤーから取り出し、直射日光の当たるところや自動車の中など、高温、多湿の場所は避けて保管してください。

● 視聴の際のご注意
＊明るい部屋で、なるべくモニターより離れてご覧ください。長時間続けての視聴を避け、適度に休憩をとってください。

44min.／片面・1層／モノラル／MPEG2／レンタル禁止／複製不能

 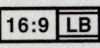

contents

このDVDbookの使い方 …… 4
おっぱい番長5カ条 …… 8

1章 乳トレとは？ …… 9

美乳を徹底分析 …… 10
　バストチェック　～正面編～ …… 11
　バストチェック　～体側編～ …… 12
　バストチェック　～背中編～ …… 13

ダメ乳の原因 …… 14

美乳をつくる4大ポイント …… 16
　1 筋膜 …… 16
　2 大胸筋 …… 17
　3 肩甲骨 …… 18
　4 肋骨 …… 19

乳トレの絶大な効果 …… 20
　効果1 サイズUP …… 22
　効果2 くびれ …… 23
　効果3 内臓元気 …… 24

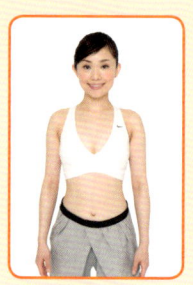

column 1
乳トレのお供に！
朝井麗華イチ推し
コスメたち …… 48

column 2
もっとキレイなバストを
目指したいあなたへ …… 62

2章 美乳をつくる乳トレ……25

- 乳トレ・マスター……………………………26
- ココに効く！………………………………27
- ■ 基本の乳トレ① バストくるくる……28
- ■ 基本の乳トレ② 肋骨ほぐし…………30
- ■ 基本の乳トレ③ グーパー推拿………32
- ■ 筋膜はがし………………………………34
- ■ 腹肉ほぐし………………………………36
- ■ 二の腕ほぐし……………………………38
- ■ 脇肉つかみ………………………………40
- ■ 自分よしよし……………………………42
- ■ 八の字ぐりぐり…………………………44
- ■ 親指ブスブス……………………………46

3章 美乳をつくる乳トレ・エクササイズ……49

- ■ 平泳ぎ背筋………………………………50
- ■ 膝付き腕立て……………………………51
- ■ リンパつかみ……………………………52
- ■ 手の平プッシュ…………………………53
- ■ 変顔………………………………………54

4章 おっぱい番長のスパルタ・ブラ道場……55

おっぱい番長
本気のブラジャー選び………………56

ありがち！
間違ったブラのつけ方大公開………57

瞬間豊胸！
ブラの正しいつけ方…………………58

教えておっぱい番長！
バストにまつわる疑問8………60

女性の美と健康を目指す
『気＊Reika』……………………63

おっぱい番長5カ条

1 バストは常に柔らかく保つべし

バストそのものはほとんどが脂肪でできているけれど、土台は大胸筋という筋肉。これが硬く凝ってくるとバストまで硬くつぶれてしまいます。土台の筋肉まで柔らかく整えて、血液も酸素もめぐる美しいバストを育てて。

2 バストには常にハリを持たせるべし

「柔らかいバスト」は「ぐにゃぐにゃバスト」とは似て非なるもの。何歳になろうと、触れたときに内側から跳ね返すような、プリンッとしたハリがなければ。見た目は柔らかく、内には弾力を秘めたバストが理想的です。

3 バストは常にツンと上を向くべし

巨乳だろうと、授乳後だろうと、きちんとお手入れしたバストはツンと上を向きます。デコルテが痩せてしまったり削げてしまったときも、慌てず騒がずじっくりケアを。お手入れで土台をよみがえらせて、アゲアゲに。

4 呼吸は常に深く、たっぷりと行うべし

深い呼吸を行えば、バストやくびれを育てる腹筋や横隔膜、肋骨の間の筋肉も同時に動きます。特別な運動をしなくても、普段の呼吸を深くするだけで十分な育乳になります。心も落ち着くので忙しい人ほど試すべき。

5 こまめに触れて、バストをチェックすべし

人間だもの、多少太ったり痩せたりということはあります。ただ、それを放置してしまうのは大問題！　下着のサイズは合っているか、コリはないか、触れてチェックすること。その積み重ねから、真の美バストが生まれます。

1章
乳トレとは？

美乳を徹底分析
バストの美しさが、全身のキレイを決める！

美乳は、健康のシンボルだった！

　バストはサイズが大きければいいというものではありません。大きくても、垂れていたり形が歪んでいたりしては台無しです。また、バストトップの数値が大きくても、アンダーバストやウエストとの差がなければ意味がありません。美乳とは全身のバランスの中で叶えられるものなのです。

　美乳は、メリハリがあり、左右のアンバランスがないこと。内側にコリや滞り、むくみを溜めていないこと。血流がよく、酸素や栄養がしっかりと届いていること……。こうやって考えてみると、美乳とは"健康のシンボル"。だからこそ、乳トレでは、肩甲骨やお腹、下腹部など一見関係ないパーツまでお手入れするのです。全身の滞りを解消した結果、美乳が手に入るわけです。

硬いバストは、おブスの素！

　ブスおっぱいのチェック方法として私は「全裸にバスタオル」を提案しています。「私は貧乳だから、バスタオルを巻いても落ちちゃう」なんて言ってる方こそ要注意！　バスタオルが落ちるのは、バストのサイズとはまったく関係ありません。肩が前に落ちて背中が丸まっているのが原因です。埋もれた肩甲骨を掘り出し、肩を正しい位置に戻してあげれば、巻いたバスタオルはぴたっと体にフィットします。巻いたバスタオルが落ちないボディであれば、バストのカップ数が小さくても堂々として美しいもの。

　そんな美乳に触れてみると、表面はブリンッとハリがあります。そして、土台となる筋肉に触れるとしなやか！　コリがない良質な筋肉は、もちもちとしてとても柔らかいのです。しなやかな筋肉というベースがあれば、その上にのっているバストは痩せたり削げたりしません。また、バストトップと鎖骨の中央を結んだラインがキレイな正三角形を描きます。

　ちなみに、乳トレを発表してから「こんな効果があった！」という嬉しいご報告をたくさんいただいていますが、体験者の最高年齢は60代。「ひどい肩コリを解消したい」と乳トレに励んだ結果、バストが2カップもサイズアップしたそうです。垂れ乳も、貧乳も、年齢や遺伝のせいにしてはいけません。今のバストは、毎日のケアやライフスタイルの結果です。正しい乳トレを学んで、健康な美乳になりましょう！

乳トレとは？

☐ バストチェック　〜正面編〜

胸に美しい正三角形が

鎖骨の中央と両方のバストトップを結ぶと、キレイな正三角形が現れるのが美乳。垂れていたり離れていれば二等辺三角形になるし、左右差があれば三角形が傾いてしまいます。

指が食い込む、しなやか筋肉

胸の土台である大胸筋に、コリが溜まっていませんか？　肋骨と肋骨の間を指でぐぐっと押しても、指がまったく沈まなかったらNG。筋肉が凝り固まっている証拠です。

くっきりと浮かぶバストライン

バストの下側に、ボディとバストの境界線＝バージスラインはできていますか？　たとえAカップのバストでも、お肉が脇や下に流れていなければラインが生まれるはず。

垂れてない？そのバスト

バストトップの正しい位置は、肩からひじまでの距離の1/2以内。それよりも下にある場合は下垂が始まっているので、要注意。土台のコリをほぐしつつ、バストを引き上げて。

□ バストチェック　〜体側編〜

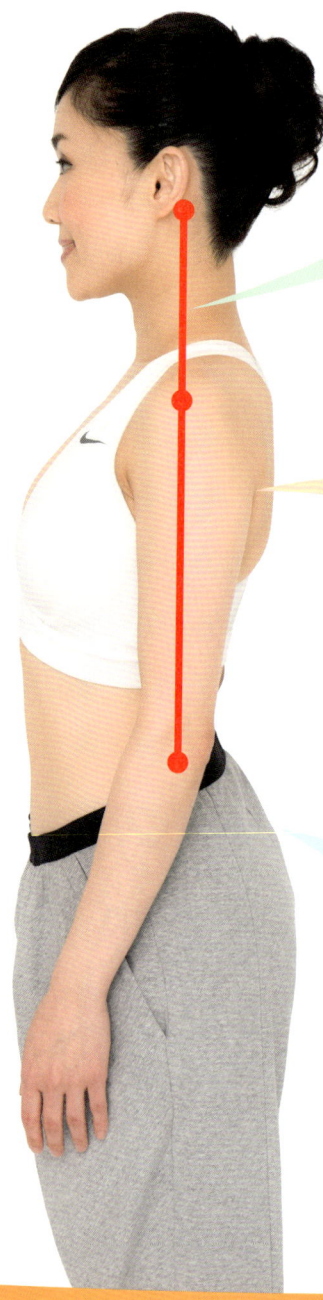

耳・肩・腰が一直線上に

横から見たとき、耳と肩、それに腰骨が一直線に並んでいるのも、美乳が育つ重要ポイント。肩や首が前に落ちているとその重みで大胸筋がつぶれ、胸も横に流れてしまいます。

身構えていると体側がガチガチに

「脇を固める」なんて言い方をするように、何かコトに当たるとき力が入るのが体側。ストレス過多な人はここがガチガチになり、肋骨も固まって広がるため、扁平なバストに。

キュッと上がったヒップは健康の証！

バストが大きければいいというものではありません。目指すべきはウエストがくびれ、ヒップがぐっと上がっているメリハリ美体。全身のバランスを整えてスタイルよく見せましょう。

乳トレとは？

□バストチェック　〜背中編〜

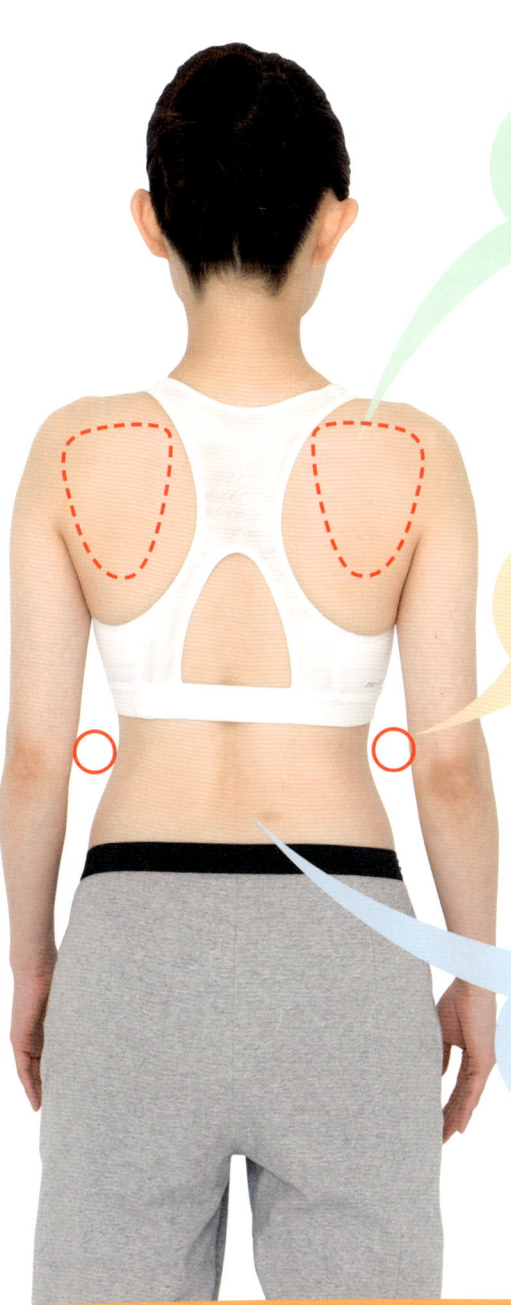

埋もれた肩甲骨はストレスの証

背中を見たとき、肩甲骨は浮き出ていますか？　埋もれてしまっていたら、形のいいバストはつくれません。また、下から手をまわして肩甲骨に触れない人は乳エク（p49〜）を徹底して。

腕とボディのすき間、空いてる？

力を抜いて下ろした腕が、体に寄り添っていたら要注意。大胸筋が開いていれば腕は体の真横に位置し、下ろしたときに体との間にこぶし1個分くらいのすき間ができます。

イイ女なら、背筋はすらり！

美乳の持ち主なら必ずや、写真のように背骨部分にすうっと1本の筋が通っているはず。背中が凝って筋肉が張っていると、このラインが埋もれるので、肩甲骨や背中のケアもお忘れなく。

ダメ乳の原因

ダメ乳を育てているのは自分！

　ここまでのポイントをチェックして、当てはまるものはいくつありましたか？

　自分のバストや筋肉、骨格は正しい状態だったでしょうか？

　おそらく多くの項目にバツがついたかと思うのですが、それはすべて自分でつくったもの。生まれつき体が歪んでいたり、筋肉が硬かったり、バストがつぶれているわけではありません。毎日の姿勢が、動作が、そして間違ったケア（あるいはケアのしなさすぎ）の結果として、現在のバストがあるんです。

　だから、バストをキレイにしたいと思ったら、胸だけを見ていてはダメ。バストをつぶしている原因となる肩コリや呼吸の浅さ、姿勢の悪さにもしっかりとアプローチしなければなりません。根本的な原因に働きかけて、芯から美しく、そして快適なボディとバストを手に入れましょう。

猫背

大胸筋を圧迫する「猫背」

　頭はがくんと前に落ち、歩くときはペタンペタンと音がする……そんな自分に気づいたら、猫背注意報！　特に最近は小さなスマホの画面に顔を近づけているため、猫背がさらにひどくなる人が急増しています。

　背中を丸めると必然的に肩が前に落ち、大胸筋が圧迫されます。そのため胸もつぶれてしまい、首や顔のお肉まで下がるはめに。まずは筋肉をほぐしてしなやかさを取り戻し、のびやかに開いた胸を目指しましょう。

肩コリ

「肩コリ」はバストも固くする

　「乳トレ」というくらいですからバストに効くと思われがちですが、このメソッドは、肩コリを解消するために生まれたものなんです。肩が凝っているからといって肩だけ揉みほぐしても、実はあまり効果がないんです。肩をロックしている肩甲骨を掘り起こしたり、ぎゅっと縮んで肩を前に引っ張っている大胸筋をほぐすことが必要。前に落ちていた肩が正しい位置に戻れば、コリも解消するし、バストもぐっとアップします。

浅い呼吸

「浅い呼吸」は栄養不足を引き起こす

　たとえば部屋の空気を入れ換えるとき、窓を全開にしますよね。ちょっぴりしか開けないと、部屋の空気はいつまでもよどんだまま。浅い呼吸もこれと同じなんです。体の中にたっぷりと新鮮な空気を入れたいのに、呼吸が浅いと不要なものが出ていかない。バストだけでなく、脳も臓器も、肌も新鮮な空気を求めています。それを阻んでいるのは、凝り固まったバストまわりの筋肉です。乳トレで、深い呼吸ができる柔らか胸郭を育てましょう。

美乳をつくる4大ポイント

1 あらゆる筋肉を包む全身タイツ

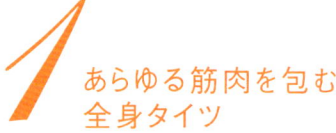
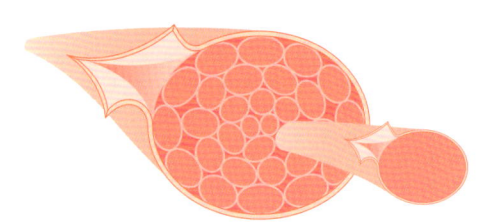

筋膜
（きんまく）

正体は筋肉を包む薄皮

　私たちの体にある筋肉や臓器は、すべて筋膜という薄い膜で包まれています。鶏のささみを思い出してください。半透明のうすーい膜で包まれていませんか？

　それが筋膜です。この薄い筋膜が筋繊維を束ね、その束をまた束ね……という形で筋肉を何層にも束ねています。最終的に筋膜は腱に集まり、筋肉を骨に接続しています。こうやって、筋膜は全身のありとあらゆる筋肉を包んでいます。筋膜という半透明の全身タイツを着ているようなものですね。

　ところが、筋肉をあまり動かしていなかったり、同じ姿勢でずっと負荷がかかると、この筋膜がよれて固まってしまうんです。これがコリや歪みの元凶です。筋膜が癒着すると、筋肉を動かそうとしても制限されてしまいます。これでは、きつい全身タイツを着てしまったのと一緒。動きが悪くなるからますます血液やリンパの流れが停滞し、筋肉そのものも硬くなり……という悪循環。こうして、慢性的なコリが生まれるのです。

筋膜をリリースして、本来のキレイを

　コリを根本から解消するには、この筋膜の癒着をはがさなければなりません。癒着がひどければ、どうしても多少の痛みは伴います。けれど、筋膜の癒着がとれれば動きは驚くほどスムーズになるし、体のパーツも本来あるべき位置に戻れるんです。乳トレを行うと体重が変わらなくてもバストアップできるのは、バストが本来の実力を発揮するから。くっついたり縮んだりしている筋膜をゆるめること。それが乳トレのポイントであり、重要な第一歩なのです。

2 大胸筋

バストを育てる"畑"は柔らかさ命！

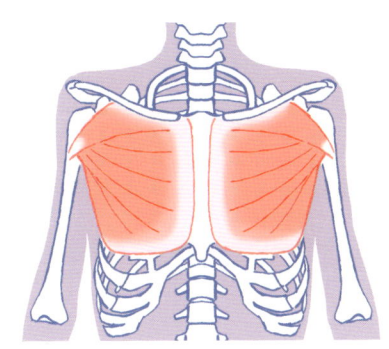

大胸筋のコリが、貧弱バストを生む？

　これまでサロンで老若男女、それはたくさんの方々のケアをさせていただいてきましたが、ほぼ100％の方のお胸はガチガチに凝っていました。お胸といってもバストの膨らみではなく、それがのっている土台の筋肉、つまり大胸筋のことです。

　大胸筋は鎖骨のすぐ下にあり、脇からみぞおちまでを覆うとても大きな筋肉です。ところが、これが凝り固まっている方が本当に多いんです。

　というのも、皆さん胸の筋肉を動かさないから。体幹を使えていない、という言い方でもよいでしょう。私たちの普段の生活は、パソコンを叩いたりスマホをいじったりと"指先""手先"がメイン。

　本来なら腕を動かすときに大胸筋も同時に動きますが、手指だけを動かすことにすっかり慣れきっているのです。

ふっくら筋肉がハリを生む

　そうやってさぼることを覚えた大胸筋は固まるし縮こまるし、何ひとついいことはありません。血液や酸素のめぐりも悪くなります。

　土台である大胸筋が貧弱になれば、その上にあるバストだって垂れたり削げたりします。バストを整えるには、膨らみそのものではなく土台である大胸筋にこそ働きかけるべきなのです。

　といっても、ボディビルダーのようなモリモリ筋肉にする必要はありません（笑）。そうではなく、大胸筋のコリをほぐし、柔らかくふっくらとした状態へと導くこと。そうすれば呼吸も深くなりますし、バストも本来のハリやツヤを取り戻します。

3 天使の羽がバストを引き上げてくれる
肩甲骨

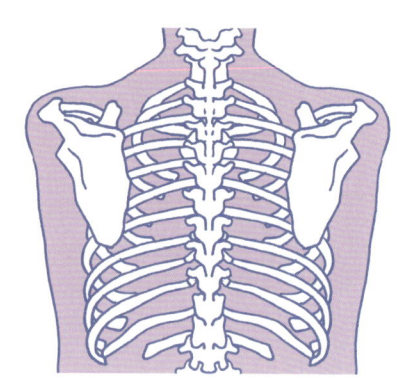

背中ブスは、もれなくブスおっぱいに

　手を背中側にまわして、肩甲骨の下に指が入るか試してください。肩甲骨が埋もれていて、指がまったく入らないという人も多いのではないでしょうか。あるいは、肩や腕の動きが悪くて、肩甲骨まで手が届かないという人もいるかもしれません。それくらい、肩甲骨の可動域は個人差があります。背中を見るとくっきり肩甲骨が浮き出ている人もいれば、骨の凹凸がほとんど感じられない人もいます。コリがひどい人なら背中側の筋肉がパンパンに張ってしまい、その中に肩甲骨が埋もれてほとんど見えなくなっている場合もあります。

　これでは見た目も猫背で、残念な感じになります。見た目だけでなく体の疲れも伴います。肩甲骨が固まっている人は、背中にギプスをはめているような状態なのです。背中がうまく動かなければ、すべての動作を腕や手先だけで行わなければならないのです。そのために適正なパワーがでず、毎日疲れを感じているはずです。

胸も気持ちも引き上げる"天使の羽"

　では次に、できる限りでいいので、左右の肩甲骨を寄せてみてください。そうすると、胸がぐっとせり出してくるのがわかりますか？　前に落ちた肩に邪魔されて隠れていた胸が、ぐーんと開くのです。そう、肩甲骨は背中側から胸を引き上げてくれる、陰の立役者なのです。

　肩甲骨の可動域が大きい人に、猫背で悩んでいる人はいません。左右の肩甲骨がぐっと寄れば前に落ちていた頭も持ち上がり、胸が開いてバストアップし、ついでに気持ちまで上向きになります。背中はバストに関係ない、なんて思うのは大間違い。後ろからバストを持ち上げてくれる強力な助っ人なので、しなやかに整えてその実力を引き出しましょう。

肋骨

4 美乳とくびれの要

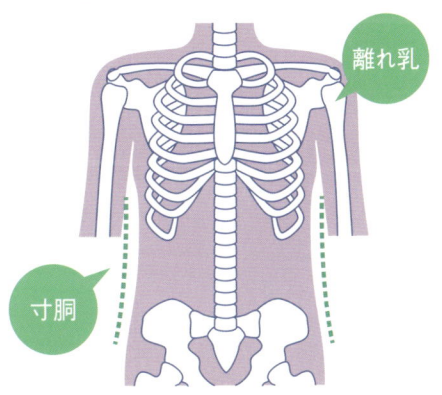

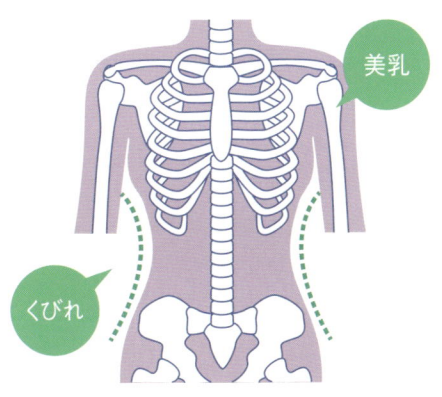

痩せてもくびれない、その理由

　この本を読んでくださっている人の中には、「痩せててもくびれが出現せず、寸胴のまま」という方がいらっしゃるかと思います。せっかくスリムなのに細く見えない原因は、ずばり肋骨にあります。

　肋骨は、呼吸に合わせて広がったり縮んだりしています。より正確にいえば肺は自分自身で伸び縮みができないので、肋骨の動きに合わせて肺が膨らんだり縮んだりしているのです。つまり、肋骨は呼吸のクオリティを決める要になっているのです。

　ところが、緊張状態が続いたり内臓下垂が起こると肋骨は広がってしまいます。肋骨と肋骨の間の筋肉＝肋間筋が柔軟性を失うと、ウエストのくびれだってなくなるし、アンダーバストも大きくなってしまいます。

　大切なのは、肋間筋の柔軟性を取り戻すこと。肋骨という土台が柔らかければ、アンダーバストが広がりっぱなしになることも、くびれが埋もれてしまうこともありません。

乳トレの絶大な効果

"自分の手"こそ、最高の整体師

　乳トレを発表してから、「ブラのサイズが2カップ変わった！」「ウエストが細くなった」「なんだか胃腸の調子がいいみたい」など、さまざまな嬉しいご報告をいただきます。

　しかし、私にとっては当然の結果です。乳トレには私がこれまで学んできたエッセンスがぜんぶ詰まっています。サロンでお客様の体を見て、触れて、施術をして「もっと体をラクにしてさしあげたい」「もっとキレイになれるはず」と編み出したメソッドが、すべて盛り込まれているのです。肩コリやお腹のポッコリ、さらに疲れた胃腸にまで働きかける究極メソッドだという自負があります。

　ぜひ皆さんには毎日実践していただきたいと願っています。「結局、朝井先生のトリートメントを受けるのが早いのでは？」なんておっしゃる方もいらっしゃいますが、とんでもない。もちろん直接トリートメントさせていただければ、その日のうちに驚くほどの変化があります。一度の施術でバストが2カップ上がった方、ウエストが5センチ減った方もいらっしゃいます。でも、施術によって深いレベルの筋膜・筋肉までしっかりほぐしたとしても、その後の生活が前とまったく変わらなければ、だんだん体は元に戻ってしまいます。いつもと同じように体を使って、同じようにストレスを溜めていれば、やはり元に戻ってしまうんです。

　でも、乳トレはそんな負のスパイラルをストップさせてくれます。毎日たった5分でも、きちんと触れるだけで体は驚くほど素直に変わり始めます。毎日5分、1ヵ月の自宅ケアは、月に1回のプロの施術にも匹敵するほどの効果があるのです。

　こまめにバストを触っているとその変化に気づけたり、お腹に触れて「今日は冷えてるみたい」「食べ過ぎると、お腹ってこういうふうに張るんだな」といった、普段は聞けていない体の声に耳を傾けられるようになるのです。現代に暮らす私たちは忙しいし、たくさんの刺激にさらされているから、体のSOSを無視しがち。ところが乳トレをしていると、自分で体調管理ができるようになります。まるで、家に専属の整体師がいるようなものだと思いませんか？　あなたの手は、自分の体を誰よりもよく知っている最高の整体師になってくれます。バストだけではなく全身で、その効果を実感してください。

乳トレとは？

効果 1
サイズUP

乳トレを実践すると、1〜2週間でバストのハリ感に違いが。早い人なら1ヵ月、遅くても数ヵ月でサイズやバストの位置にも変化が。「本来あるべきバスト」を取り戻すことで、カップもサイズアップ！

効果 2
くびれ

バストそのものというより、バストを育てる土台である大胸筋や、肋骨と肋骨の間の筋肉（肋間筋）のコリをほぐしていくのが乳トレの神髄。よって、広がってしまった肋骨がキュッと締まり、くびれが出現！

効果 3
内臓元気

朝井麗華メソッドでは、胸とお腹には密接な関係が。胸の土台である大胸筋・肋骨がしなやかに整えば横隔膜の動きがよくなり、それにつられて下がった内臓もぐっとアップ。お疲れぎみの胃腸の環境も整います。

効果 1

30代からが、乳トレ適齢期です！
サイズUP

60代女性もびっくり！

　乳トレを実践してくださった方はおしなべて、バストが変わった、肩コリがラクになったといったプラスの変化を実感しているよう。うかがうと、皆さんサイズアップしているというから、我ながら乳トレの威力に驚くばかり。それと同時に、バストケアがいかに手薄になっているか、また全身にコリを溜めてしまい、その結果バストの形も崩れてしまっている方がいかに多いかを実感します。

　先日も、こんなことがありました。60代の方から、喜びのお便りをいただいたのです。「肩コリにいいから！　と娘に勧められて試しました」とのこと。お風呂上がりに少しずつ試すうちに肩や首がラクになり、「これはいいわ！」と続けてくださったのだそう。万年Ａカップだったバストが Cカップになったというから驚きです。もともと脂肪があまりついていない痩せ型なので、バストの変化はまったく期待されていなかったのだそ

う。それでも、年齢やもとの体型に関係なく乳トレは効果的なんだなあと嬉しくなりました。

　もちろん、乳トレが効果的だからといって、本来の体形からあまりにかけ離れた変化は起きません。乳トレはその人の体を最高の状態に導くメソッドです。コリや歪みのない体はとても快適ですし、自然とメリハリのあるボディラインになります。

　乳トレは巨乳になるための魔法ではありません。ただ、誰でも実践さえすれば、現在よりもキレイな形になります。バストの下垂やデコルテの削げなどのお悩みは克服できますし、何歳でも変化は訪れます。

　特に、30代以降のお肉が柔らかくなってきた方なら、乳トレによって肉が移動しやすいので効果の実感が早いはず。お腹や背中、脇にある贅肉は、きちんと戻せばバストとなってくれる"お宝"です。バストが垂れている、離れているなど悩みがある方も、広がった肋骨にバストが引っ張られている可能性が高いので、乳トレで補正することで変化が大きく出ると思います。

　肝心なのは、諦めないこと。ちょっとでいいので、毎日続けること。そうすれば、バストは確実に応えてくれます。

効果 2
肋骨をほぐしてアンダーバストを締める！
くびれ

肋骨が開くと老ける

　ランジェリー業界の方の間では、「年齢を重ねるほどにアンダーバストが大きくなる」というのが常識です。これを「脂肪がつくから仕方ない」と思っていたら大間違い。もちろん代謝の低下などによって多少は脂肪が増えますが、アンダーバストのサイズが変わる主な原因は、19ページでお話しした「肋骨の開き」です。

　肋骨はたくさんの骨が組み合わさってできています。骨1本1本は肋骨と呼びますが、これが集まって心臓や肺を守っており、全体を胸郭と呼びます。胸郭が膨らんだり縮んだりする動きに合わせて、肺が大きくなったり小さくなったりします。この肺の動きで、新鮮な空気を取り込んだりいらなくなった空気を吐き出すわけです。

　人間はリラックスしているときは大きく息を吐き出し、緊張したときには息を吸い込む性質があります。仕事や家事、人間関係だけでもややこしいのに、さらにテレビや携帯電話が情報のシャワーを浴びせます。こういう生活をしていると、心身がずっと緊張しっぱなし。呼吸が浅くなるので胸郭が縮まるヒマがなく、だんだん開いてしまうのです。

　胸郭が開けば、それにつられてお腹部分も幅が出て、くびれがなくなるのは当然のこと。開きっぱなしの胸郭は"蛇腹が伸びきったアコーディオン"みたいなものなので、新鮮な空気を取り込む力も落ちます。

　さらに困るのは、横隔膜の動きが悪くなることです。横隔膜は胸郭の下側に、横に走っている大きな筋肉なのですが、胸郭の動きに引っ張られて上下運動をします。これが内臓を刺激するのでまるで体内をマッサージしているかのような効果をもたらします。ところが横隔膜の動きが弱まると、内臓の動きはにぶいまま。これが内臓下垂を引き起こすポッコリお腹の正体です。特に、痩せているのにお腹が出ている方は、腸の下垂というケースがほとんどです。

　こうなってしまったら、せっせと腹筋もいいですが、必要なのはお腹のケアやエクササイズではなく、胸郭の筋肉をほぐすこと。そうすれば、お腹に触らずともくびれが出現します。

効果 3

疲れた内臓に、
エネルギーを！
内臓元気

コアを支える横隔膜を刺激

　現代人の内臓は、酷使されっぱなしで疲弊しています。胃痛や便秘、生理痛、お腹の冷えなど何らかの不調は誰もが感じているのではないでしょうか。まず、いくつかチェックをしてみましょう。

　自分の手で、自分のお腹に触れてみてください。お腹が冷たいという人は、確実に内臓が冷えています。では次に横になり、指でお腹をぐっと押してみてください。人差し指から小指までの4本の指で、ぐっと圧をかけます。押すと手応えがあって硬い部分はありませんか？　おへその周り、下腹部、それに肋骨のすぐ下などをぐっと押すと、痛い部分はありませんか？　本来、お腹は柔らかくてしなやかなもの。押したときに手応えがあったり痛かったりするのは、その部分の内臓が疲れている証拠。

　だからといって、お腹のマッサージをすれば解決するわけでもないのが、体の面白くて奥深いところ。内臓はお腹の中にただぶら下がっているだけ。それに触れられるのは横隔膜ですから、横隔膜をケアするほうが効率がいいのです。横隔膜は胸郭（＝肋骨の集まり）の動きに連動するので、バストまわりの筋肉のコリをほぐしてあげるのが一番、というわけです。

　胸郭に柔軟性があれば、横隔膜の可動域もUP。横隔膜の上下につれて内臓も動きますから、呼吸しているだけで体内のセルフマッサージをしているようなもの。外側からマッサージしなくてもいいのですから、なんともおトクで簡単！

　息をしているだけで内臓が元気になってくれる体、それこそが乳トレが目指すものです。

　ちなみに、内臓はとても素直です。サロンのお客様にトリートメントしていると、お腹に触れていなくてもお腹がコロコロ動き出す方がほとんどです。「ずっと便秘だったのに、家に帰ったらどすんと出た！」「慢性的な胃炎のはずが、トリートメント後はウソみたいにお腹が軽い」といった喜びの声を寄せてくださる方がたくさんいらっしゃいます。私の施術でなくとも大丈夫。その日のうちに効果を出すのは難しいですが、数日乳トレを続けていただければ、お腹の硬さが取れてきて、だんだん内臓の調子がよくなってきているのが必ずや実感できます。

2章
美乳をつくる乳トレ

乳トレ・マスター

1日5分でOK！　こまめに続けることが肝心

いつ？

乳トレは、いつ行っていただいても構いません。朝の"おめざ"がわりに行うもよし、トイレに立ったときにちょっと触れるもよし。時間があるときに行えば大丈夫です。ただ、より早く結果を手に入れたいのであれば、入浴後の体が温まっているときに、クリームやオイルなどをつけて行うのがおすすめ。筋肉がほぐれやすく、手応えを感じるはずです。

どこで？

ご自身の都合のいい場所を選んでやっていただければと思います。私自身はお風呂上がりにリビングで行っていますが、クライアントさんにうかがうと、入浴中にバスタブで行うという方、ベッドの中で行うという方などさまざま。家族に見られたくないので、トイレでこっそり……なんて方もいます。好きな場所で行ってください。

どのくらい？

1日に5分という最低ラインは守っていただきたいのですが、あとは自由です。早く結果を出したいと朝・昼・晩に実践している方もいらっしゃいました（そして、確かに変化が早いです）。朝に2分、夜に3分など分けてもOK。週末など時間に余裕があるときはじっくり時間をかけるのもいいですね。とにかく続けることが大切です。

スタイル？

この本ではスポーツブラをつけてメソッドを紹介していますが、何も身に付けないのがベスト。着るとしてもTシャツやパジャマなどラクなスタイルで行ってください。ただし、「親指ブスブス」（p 46）をデコルテに行う場合や「二の腕ほぐし」（p 38）などは、ブラの制約を受けないので、仕事のすきま時間に行うのもおすすめです。

ココに効く!
悩めるバスト、み〜んな乳トレにお任せ!

離れ乳
肋間筋が固まっていると、バストが引っ張られてだんだん離れ乳に。寄せるワザとコリをほぐすワザを併用すべし。

垂れ乳
齢を重ねるとバストは垂れてしまうもの、と諦めないで。土台の大胸筋をフカフカに耕せば、ハリのあるバストへ変化。

巨乳
バストを中央に寄せて、体の幅からはみ出ないコンパクトなバストに。高さが出つつも、若々しい美乳になれます。

貧乳
コツコツと乳トレに励んでブラも見直せば、誰でもサイズアップは可能。胸をつぶしてしまうコリをほぐして、ふんわり美乳を育てて。

肩コリ
乳トレを始めた人がまず実感するのが、肩の軽さ。肩だけでなく、背中や胸、脇にもアプローチする麗華式ならでは。

削げ乳
"天然ブラ"である大胸筋の強張りや縮こまりをほぐして。デコルテがふんわり整えば、顔のたるみ予防にもなります。

背肉
背中側に逃げているお肉も、乳トレで徐々にバストに戻せます。美乳の持ち主は、後ろ姿もすらりとキレイなのです。

DVDレッスン

バストの土台「大胸筋」を鍛える！

垂れ乳　削げ乳　貧乳　肩コリ

基本の乳トレ① バストくるくる

現代女性のほとんどは、忙しい毎日で全身が緊張しっぱなし。バストの土台である大胸筋もカチカチな方が多いのですが、これではバストに充分な血液や酸素がいき渡りません。土台の筋肉に効かせるイメージで、圧をかけて行いましょう。

1 片側の手でバストの下部を支え、マッサージ時にバストがムダに動かないようにする。

2 逆側の手で、バストの上側に円を描くようにくるくると内側回転しつつマッサージする。指先でしっかり圧をかけること。

美乳をつくる乳トレ

しっかり筋肉にアプローチ

OK 土台の筋肉の硬さを指先に感じながら、イタ気持ちいいくらいの圧をしっかりかけること。

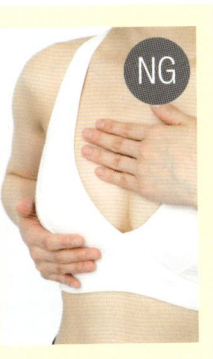

NG 表面をするするとなでるだけでは、大胸筋に届かない。肩コリと同じ種類のコリだと意識。

3

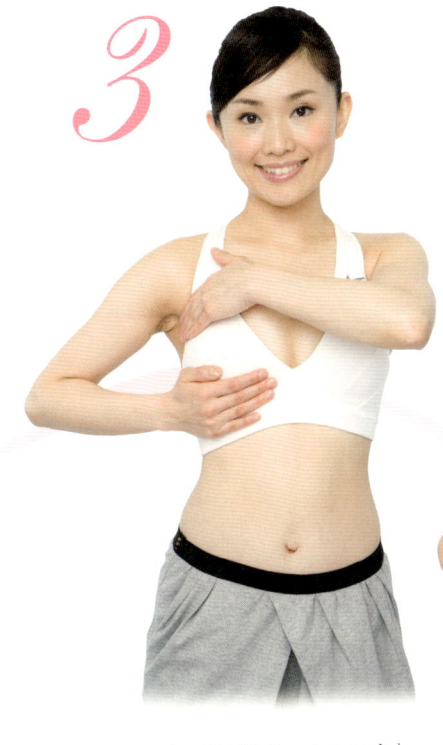

コリがひどい人なら多少痛みを感じる可能性も。5回×3セット。

4

逆側も同様に行う。バストの下側は動かないように支えて、上側の緊張をほぐすこと。

DVDレッスン

しなる肋骨で、ツンと上向きバストに！

垂れ乳　削げ乳　離れ乳　貧乳　背肉

基本の乳トレ② 肋骨ほぐし

肋骨は息を吸うときに開き、吐くときに閉じます。筋肉が固まると肋骨の形は末広がりに。呼吸も浅くなります。それではバストが離れたり下がったりするので、肋間筋（肋骨の間の筋肉）のコリをほぐして、しなる肋骨を手に入れましょう。

1

片側の手で、逆サイドのバストを少し持ち上げるようにしてしっかり支える。

2

こぶしをつくり、第2関節の骨で脇からバストトップに向かって筋肉をえぐるようにさすり上げる。

美乳をつくる乳トレ

アプローチするのは ココ！

肋間筋

普段あまり意識しないけれど、緊張が強い人の肋間筋は骨にへばりついて硬くなっているもの。肋骨の動きが悪いと肩や首のコリもひどくなってしまうので、毎日ほぐしましょう。

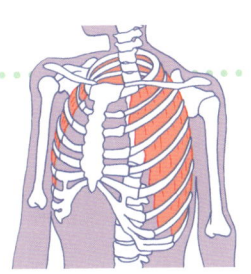

3

深く息を吐きながら行うこと。肋間筋にコリがある人は、無理はせずイタ気持ちいいくらいの圧で。脇の上・中・下のラインを3セット。

4

バストトップまでいったら、逆の手で脇のお肉を集めてまた最初から。

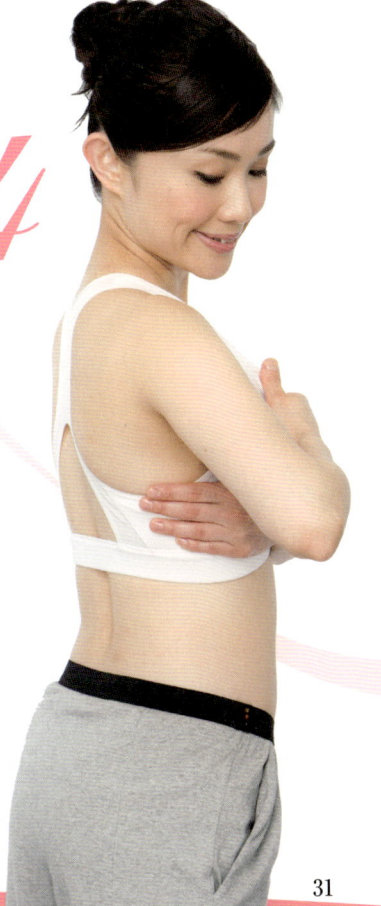

DVDレッスン

"谷間"が生まれる簡単マッサージ

貧乳　削げ乳　離れ乳

基本の乳トレ③ グーパー推拿(すいな)

大胸筋と肋間筋のコリ、それにバストに同時にアプローチするメソッドです。土台の筋肉を柔らかくほぐすだけでなく、離れたバスト、下垂したバストを補正します。高さとハリ感のある美バストが育ちます。上半身の血液やリンパの流れがよくなるので呼吸も深くなり、顔色までよくなります。

1

両方の手でこぶしをつくる。第2関節の骨を、リンパの集まっている脇に当てる。

2

脇から体の中央に向かって、バストのつまりをかき流すイメージで寄せる。3回。

DVDレッスン

骨にはりついた筋肉をリリース！

離れ乳　巨乳　貧乳

■筋膜(きんまく)はがし

乳トレの大切なポイントのひとつが、筋肉を覆っている筋膜への働きかけです。筋肉はそれを包んでいる筋膜に制限されるので、まずは筋膜の癒着をひきはがそう、というアプローチです。動きが悪くコリを溜めている部分が柔らかくなります。

1

人差し指から薬指の3本指を胸の中央、鎖骨の下に当てる。指先にぐっと圧をかけて胸の筋肉を外側に開く。
※ツメの長い人は注意してください。

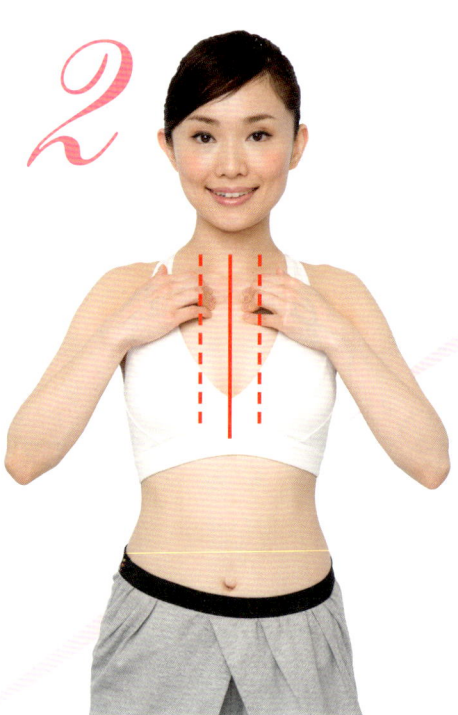

2

上の写真のように、胸の中央ラインから点線までの間をしっかり開く。

美乳をつくる乳トレ

アプローチするのは ココ！

筋膜

筋肉を包む薄い膜が筋膜です。特に筋膜が厚い部分は筋膜が癒着しがち。それによって筋肉の動きが制限されるので、コリがさらに悪化することに。骨の周囲は筋膜が集中するため特にケアが必要です。

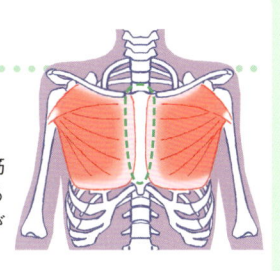

3

さきほどより少し下も同様にして開く。呼吸が浅い場合は少し痛みを感じることも。

4

さらに下側も同様にする。この3カ所を3セット。ゆっくりと開く。

DVDレッスン

気になる贅肉は、ほぐして流す!

貧乳　削げ乳　垂れ乳

■腹肉ほぐし

極端に痩せていない限り、女性なら誰しもお腹にお肉や脂肪がありますが、目立つプニプニはほぐして流しましょう。マッサージの効果で温まり、ムダなお肉が動きやすくなります。そのお肉をバストに入れ込み、美しいラインをつくります。

1 脇腹からスタート。親指と、残り4本の指を使ってしっかり肉をはさむ。

2 逆サイドまでいったらまた元の位置へ戻る。この往復運動を2回行う。

美乳をつくる乳トレ

効果UPのコツ

つかんでゆらす

お腹の周りについたお肉は、放っておくとみっちりと硬くなってしまうもの。基本の「腹肉ほぐし」でほぐれにくい場合や特に気になる部分は、両手でつかんでゆらすと少しずつ柔らかくなります。

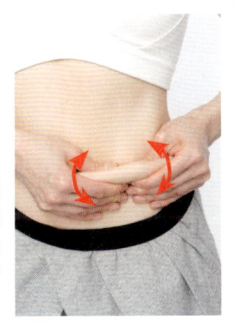

3

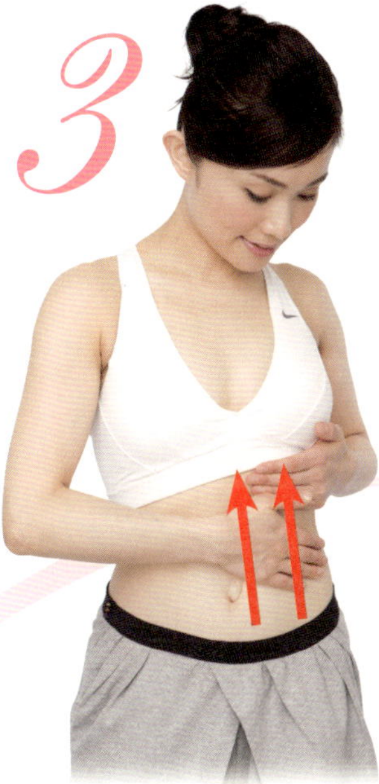

ほぐしたお肉をバストへ入れ込む。手のひらを密着させて、下から上へさすり上げる。

4

両手を交互に使って、ほぐしたお肉を引き上げる。アンダーバストより少し上まで上げる。

5

脇から正面、逆サイドまで行う。下腹など気になる部分からしっかり引き上げること。

37

気になるタプタプを、すべてバストへ！

貧乳　削げ乳

■二の腕ほぐし

脇や二の腕のプニプニしたお肉は気になるけれど、朝井メソッドでは「お宝」です。二の腕をもみほぐして柔らかい状態にし、次にそれを脇へと流すことで不要な老廃物はリンパへ、余っている脂肪はバストへと送り込みましょう。

親指と人差し指の側面を使う。二の腕のタプタプをしっかりつかんで上に絞り上げる。

1

2

腕を絞り上げつつ、少しずつ脇に向かって流していく。ひじから脇へ、10回繰り返す。

美乳をつくる乳トレ

効果UPのコツ

プレつまみが効く

二の腕のタプタプが特に気になる人は、ほぐしの前に指を使った"プレつまみ"を行って。指先で3〜4カ所つまむことで、溜まっているお肉がほぐれやすくなります。

3

人差し指と親指をL字型にして、ひじから脇まで流す。

4

最後はしっかり脇に流し込む。これを5回。逆側も同様に。

DVDレッスン

ゴミポケットを
狙い撃ち！

離れ乳　巨乳

背肉　肩コリ

■脇肉つかみ

脇はバストから顔まで、上半身の老廃物がすべて送り込まれる場所。ここをほぐすことで、脇や背中だけでなく、顔まですっきりと変化させることができます。肩甲骨まわりもほぐれるので、四十肩や肩コリの予防としてもおすすめです。

親指を逆サイドの脇にブスッとさす。血液やリンパの巡りが悪いと、多少の痛みがある。

残りの4本の指で肩甲骨の上側をつかみ、脇の厚みを減らすようにはさんで10秒キープ。

美乳をつくる乳トレ

指の腹でつかむ

OK

指を平たく揃え、指の腹を使ってしっかりつかむこと。広い面積に圧をかけるのが狙いです。

NG

指先だけで、ツボ押しのように脇肉を押しては効果半減。しっかり「面」をとらえましょう。

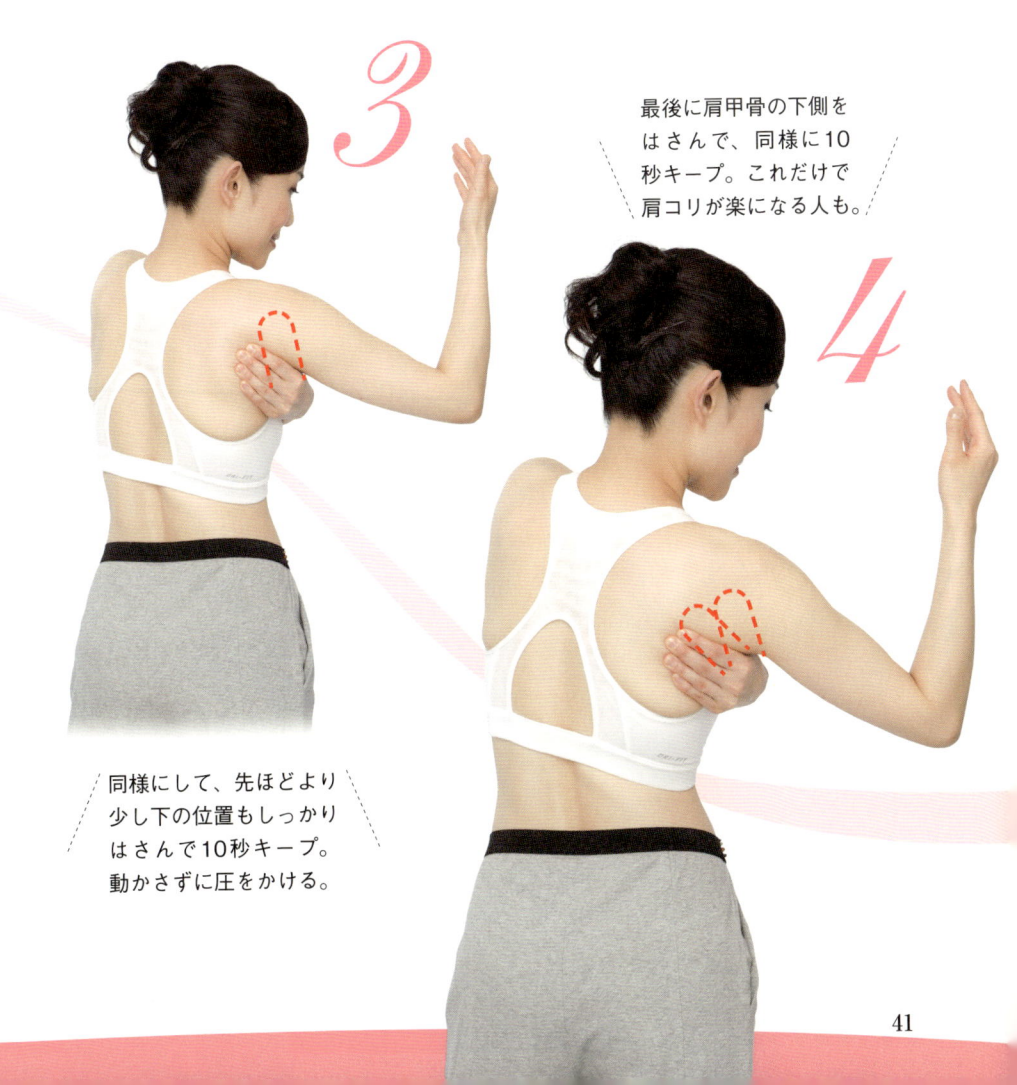

3

同様にして、先ほどより少し下の位置もしっかりはさんで10秒キープ。動かさずに圧をかける。

4

最後に肩甲骨の下側をはさんで、同様に10秒キープ。これだけで肩コリが楽になる人も。

DVDレッスン

キュッと求心的なボディに

貧乳　削げ乳　離れ乳　背肉

■自分よしよし

体の幅が狭くなれば、実際に痩せてなくてもスリムな印象を生むことができます。お腹や肋骨、それにバストの幅を狭く整えることで、メリハリがあって若々しい印象のボディに導けます。肋骨や胸のコリ解消にも効果的です。

下から上にらせん状に巻きつけるのがポイント。体のすべての肉を絞り上げるイメージで。

1
手を骨盤の骨に当て、腕全体を使って中央へと肉を寄せる。

2
手がおへそあたりまできたら、逆側も同様に。腕を体に巻きつけるようにして行うこと。

美乳をつくる乳トレ

脂肪を動かすつもりで

OK
余分なお肉や脂肪を動かすイメージで、しっかりと手のひらや腕を密着させて行います。

NG
表面をするするとなでるだけでは、脂肪は動きません。圧をかけて自分をしっかり抱きしめること。

3

少しずつ手の位置を上げ、バスト上部までを交互に寄せていく。

4

バストも体側からしっかり引き寄せ、中央に寄せていく。

5

デコルテまで上がったら、最後は胸の中央を両手で開いて完了。これを3セット。

DVDレッスン

垂れたバストも、
お疲れ内臓もケア！

垂れ乳　離れ乳

■ 八の字ぐりぐり

全身に「気・血・水」を巡らせる経絡理論では、胸とお腹には密接な関係が。内臓をマッサージするメソッドで、バストも胃腸もケアしましょう。胃腸を酷使しがちな人は痛みを感じるかもしれませんが、無理のない範囲で行いましょう。

1

両手を体の中央、肋骨の下側に添える。息を吸って、指をぐっと差し込む。準備完了。
※ツメの長い人は注意してください。

2

息を吐き出しながら、親指以外の4本の指を肋骨の下に入れる。内臓を外側から刺激するイメージで。10秒。

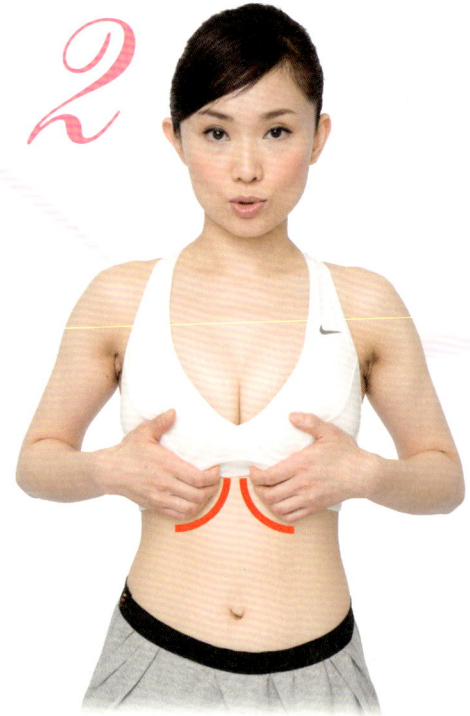

美乳をつくる乳トレ

> **効果UPのコツ** 
>
> **指先はグサっと**
>
> お腹が硬いと指が入らないけれど、深くまで指を差し入れられたほうが効果的。コリが強い人なら多少の痛みは伴うので、無理のない範囲で繰り返し行い、徐々に深くします。

3

さきほどより少し外側でも同様に10秒。お腹にコリがない人なら、肋骨の裏に第一関節が隠れる。

4

体側に近い部分でも同様に10秒。だらんと垂れた内臓に刺激を与えつつ、肋骨もしなやかに。これを3セット。

DVDレッスン

いつでもどこでも、フカフカ美バストに！

離れ乳　削げ乳　背肉　貧乳

■ 親指ブスブス

すきま時間にも行える乳トレ「親指ブスブス」です。実際に行えばわかりますが、簡単なのに、驚くほどコリのある大胸筋がほぐれるメソッドです。お風呂の中で、眠る前のベッドで、あるいはデスクワークの合間などいつでもどこでも行いましょう。

1
親指を垂直に立て、胸の土台の筋肉をぐっとプッシュ。動かさず、そのまま3秒キープ。

2
同様にして、バストの土台の筋肉にブスブスと親指をさす。左右対称に行う必要はなく、ランダムに好きな箇所を。

美乳をつくる乳トレ

アプローチするのは ココ!

大胸筋ならどこでも

胸全体を覆う、大きな土台が大胸筋。そのコリをほぐすのが目的なので、バスト全体どこでも行えます。肋骨と肋骨の間なら、多少指が入るくらいのしなやかさがあるとベター。

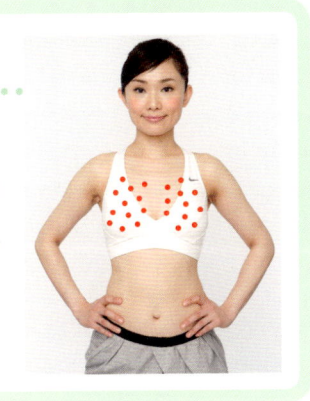

3

アンダーバストからデコルテまで、大胸筋全体に働きかける。

Point

親指は垂直に

バストの土台をつくる大きな筋肉=大胸筋。しっかりアプローチするためにも、親指は垂直にゆっくり深く長く押します。

column 1
乳トレのお供に！朝井麗華イチ推しコスメたち

「乳トレ」ではかなりの圧を加えて筋膜をはがしたり、硬くなった筋肉をほぐします。そのときに欠かせないのが、良質なバスト用のコスメたち。適量をとって両手に伸ばし、マッサージするときのクッションとして、またツヤやハリ感をアップさせるアイテムとして使ってください。

意外に焼けるデコルテをガード

蜜蜂の恵みをふんだんに利用したこっくりクリーム。たるみが気になってきた首もとやデコルテにぴったり。SPF15なので日中の気になる紫外線もカット。ゲラン アベイユ ロイヤル ネック＆デコルテ 50㎖／¥16,500／ゲラン

ナチュラル派に愛される贅沢オイル

ローズやフランキンセンスが香る、リッチなテクスチャーで厚みのあるオイル。バストからデコルテまでたっぷり使えば、パンとしたハリ感が生まれる。THREE コンセントレート トリートメント オイル 30㎖／¥8,500／THREE

ママも安心ナチュラル処方

プレママやママも安心使えるナチュラル処方。コクのあるクリームが、デリケートなバストやお腹まわりにしっかり潤いを補給。エルバビーバ STMクリーム 125g／¥4,530／スタイラ

フェイスケアにも使える高品質

自家栽培のオーガニックハーブを漬け込んで作ったオイル。顔用の美容液としても使える高品質なものだからエイジングが気になる削げ乳もふっくらした印象に。インソーレ フラワーオイル ローズ 50㎖／¥3,300／インソーレ

●問い合わせ先
インソーレ ☎03-6809-6565
ゲラン ☎0120-140-677
スタイラ ☎0120-207-217
THREE ☎0120-898-003
※価格は税抜き、2015年3月現在のものです。

3章
美乳をつくる乳トレ・エクササイズ

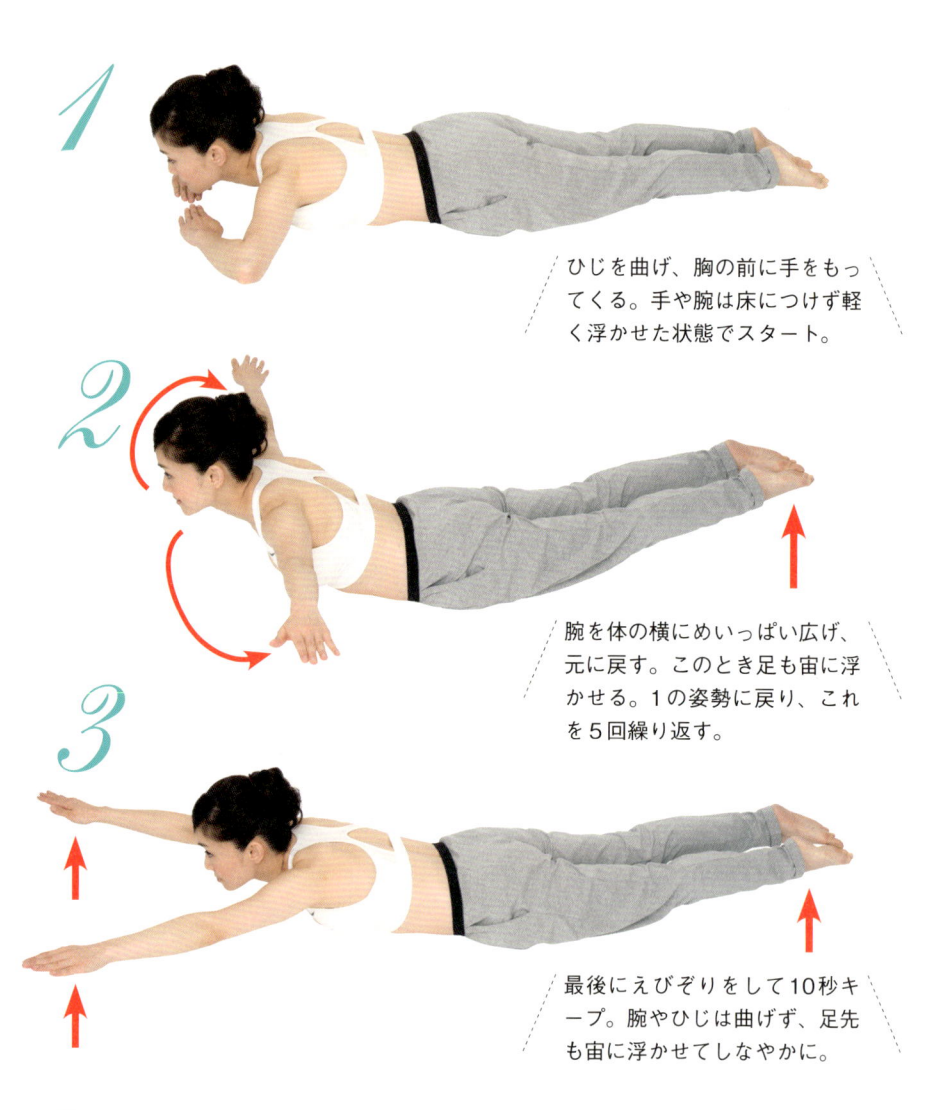

DVDレッスン
背中や二の腕にも効く"一石三鳥"エクササイズ

■平泳ぎ背筋

垂れ乳　削げ乳　貧乳　背肉　肩コリ

1
ひじを曲げ、胸の前に手をもってくる。手や腕は床につけず軽く浮かせた状態でスタート。

2
腕を体の横にめいっぱい広げ、元に戻す。このとき足も宙に浮かせる。1の姿勢に戻り、これを5回繰り返す。

3
最後にえびぞりをして10秒キープ。腕やひじは曲げず、足先も宙に浮かせてしなやかに。

美乳をつくる乳トレ・エクササイズ

筋力がなくても大丈夫！
麗華式腕立て

■膝付き腕立て

垂れ乳　削げ乳　貧乳　肩コリ

1 肩幅よりも狭めに膝を付き、手の平を床に付ける。

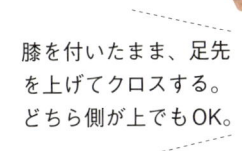

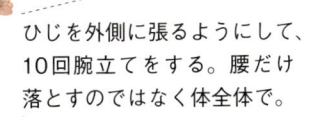

2 膝を付いたまま、足先を上げてクロスする。どちら側が上でもOK。

3 ひじを外側に張るようにして、10回腕立てをする。腰だけ落とすのではなく体全体で。

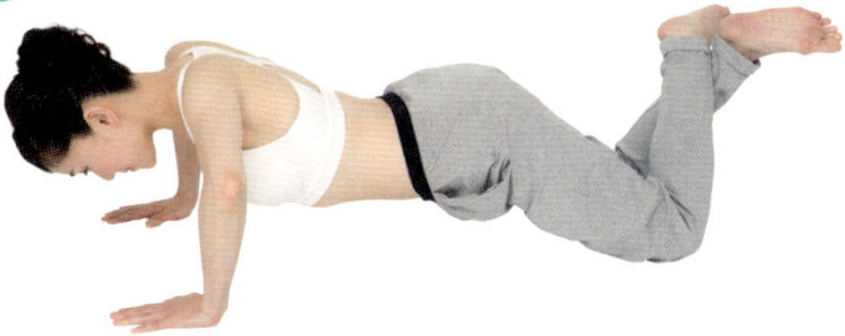

4 10回終わったら、腕を前に投げ出して背中を伸ばす。深呼吸をしながら10秒キープ。

51

DVDレッスン

コリをほぐして、ふっくらバストに

■ リンパつかみ

垂れ乳　巨乳
貧乳　肩コリ

1
4本の指と親指で、脇のくぼみから胸にかけての厚みをしっかりはさみこむ。一番厚みのあるところをはさむようにつかむこと。

2
脇をつかんだまま、つかまれている側の腕を10回前回しする。

3
続いて後ろ回しを10回。固まった脇がほぐれることでバストに栄養が届く。逆も同様に。

美乳をつくる乳トレ・エクササイズ

大胸筋を鍛えて
バストアップ！

垂れ乳　削げ乳
貧乳

■ 手の平プッシュ

1

胸の前で、タオルか小さいクッションを両手の平ではさむ。手を叩くように5回ポンポン、プッシュして全力で10秒キープ。

2

顔の前でも同様に5回ポンポン、10秒プッシュ。タオルをはさみこむことで圧がかけやすくなる。

3

アンダーバストの高さでも同様に5回ポンポン、10秒プッシュ。大胸筋や二の腕の筋肉を意識して行うのがベター。

DVDレッスン

顔もバストも、ぐーっと引き上げ!

垂れ乳　削げ乳

■ 変顔

1

奥歯は噛み締めず、口角をぐっと横に開いて「イーッ」の口のまま全力で首の筋肉を引き上げるよう5秒キープする。

2

3

口をすぼめて前に突き出し、それをぐっと右に寄せて5秒キープ。顔は正面を向くこと。寄せた側の大胸筋が持ち上がるよう全力で。

口を左に寄せて5秒キープ。これを3セットが目安。顔のたるみやほうれい線にも効くメソッド。

4章
おっぱい番長のスパルタ・ブラ道場

おっぱい番長
本気のブラジャー選び

乳トレの効果をさらに確かなものにしてくれるのが、ブラの存在。夜は全裸で構いませんが（私はそうしています・笑）、日中は重力にバストが引っ張られてしまうので、ブラの力で胸を体に密着させましょう。基本的には2/3カップで縫製のしっかりしたものがおすすめ。乳トレの成果が出てくれば、華奢で美しいインポートのランジェリーも似合うバストになれます。

いつかは！ の憧れブラ
熟練職人が手間をかけてつくった繊細なブラは、素晴らしい補整力なのにつけ心地はあくまで軽やか。シバリス　ブラジャー　¥23,000／ブティック・シーン

テンションもバストもアゲアゲ
体に寄り添うデザインとつけ心地のよさにうっとり。華やかさも機能性もほしい人に。シバリス　ブラジャー　¥22,000／ブティック・シーン

セミオーダーだからジャストフィット
日本人の体形を研究し尽くして生まれた、セミオーダーブラジャー。ホールド力があるのに苦しくない設計はさすが。デューブルベ　魅せる谷間ブラ　¥7,800／ワコール

見た目も可愛い"育乳"ブラ
胸を育てるときのファーストブラにぴったり。背中や脇に流れたお肉をしっかり集めてカップにキープする幅広ワイヤー設計。プリマ　アンナ　カメリアピンク　¥8,300／ブラデリス ニューヨーク

問い合わせ先
ブティック・シーン ☎03-3478-4108　ブラデリス ニューヨーク（ゴールドフラッグ）☎0120-02-5629　ワコール ☎0120-307-056

※価格はすべて税抜き、2015年3月現在のものです。

おっぱい番長のスパルタ・ブラ道場

ありがち！
間違った
ブラのつけ方
大公開

「私のサイズ」って、それ何年前？

「私はこのサイズだから」「このブランドのこの型が合うの」なんて言って、同じブラを何年も使っていたりしませんか？　たとえ体重に変化がなくても、お肉の質や脂肪のつき方は変化します。お気に入りのブラがあるのはいいことですが、せめて半年に一度はプロの測定を。正しいブラをつければ、より早く美乳を手に入れられます。

小さめブラで、つぶれ胸に

「私はそんなに胸がないから……」と言いつつ、ブラのサイズが合っていない人がしばしば。自分で適当に選んでいる人にこのタイプが多く、実際より小さいブラに胸を押し込んでいるケースも。胸のお肉を脇や背中へと逃がし、形を崩す原因になってしまうので注意して。ブラの肩ひもが食い込むと、コリや血行不良も起きかねません。

パッドを入れて、ぺたんこ胸に

左右のバストのサイズが違ったり、ちょっとボリューム感が寂しかったり。そんなときにパッドを入れるのは悪いことではないけれど、あまり厚いものを入れると本来の膨らみをつぶしてしまうことに。同様に、パッドを2枚重ねて使うのもあまりおすすめできません。生理前の胸が張る時期はパッドなしでつけられるサイズを選んで。

自分での微調整、一切なし

肩ひもは、ブラをつけるたびに自分で調整して「その日のバスト」にフィットさせましょう。生理前と生理後などで変わるボリューム感を補う大切なプロセスです。また、新品のブラは使って1ヵ月もするとベルト部分が1cmくらい伸びるもの。ゆとりが出てきたら1段きつめのところでホックを留めるといった微調整が必要です。

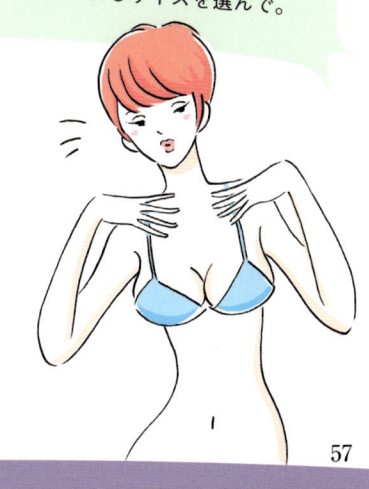

DVDレッスン

瞬間豊胸！ブラの正しいつけ方

1
肩ひもに腕を通し、ブラのカップ部分を胸に当てる。

2 アンダーの位置はここで決まる！
体を前に45度倒す。その状態でブラのワイヤー部分を持ってこの時点でぐっとアンダーを高い位置へ上げる。

3
高めの位置にブラカップを合わせたら、後ろ側のホックを留める。きつすぎず、ゆるすぎないホックの位置は事前に知っておくこと。

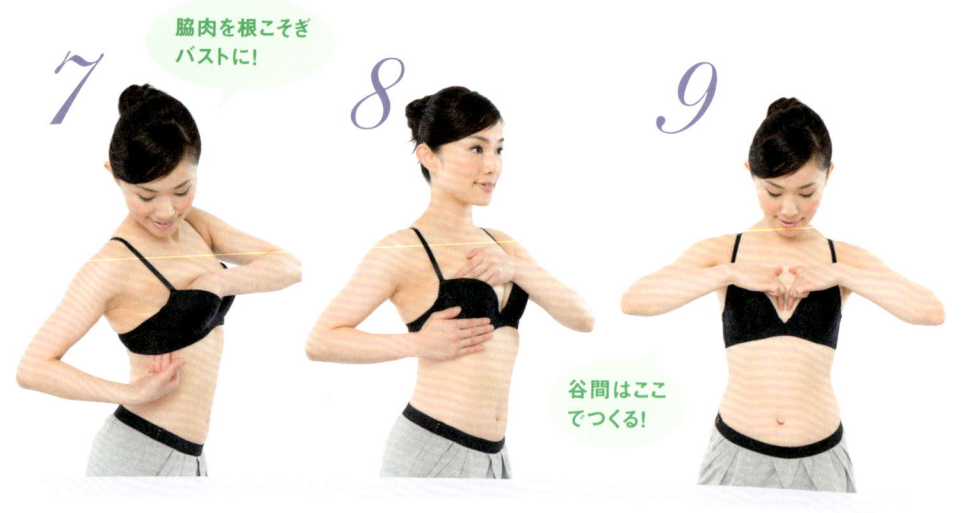

7 脇肉を根こそぎバストに！
つかんだお肉をしっかりキャッチして、カップの中に入れ込む。

8
ベルトをホールドしたまま、カップの中に入れたお肉を整える。逆側のバストも同様に、カップに入れ込む。

9 谷間はここでつくる！
中央にお肉がはみ出してはもったいないので、きちんとカップにおさめる。このひと手間で、谷間がぐんと自然な印象に。

おっぱい番長のスパルタ・ブラ道場

4
トップの位置はここで決まる!

肩ひもの付け根を持ち、バストも一緒に体を起こす。

5
その手を肩まですべらせて、肩ひもを肩にしっかりかける（事前に肩ひものアジャスターの位置は整える）

6
背中やウエストに流れたお肉をつかみ、逆の手を内側からカップに差し入れる。

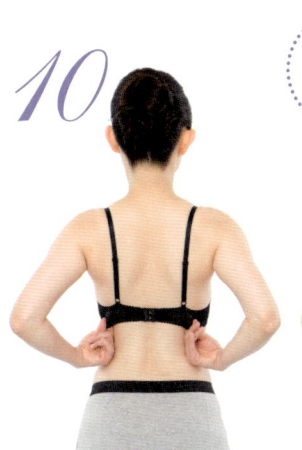

10
背中のベルトを両手でひき、肩ひものゆるみやたわみをなくす。

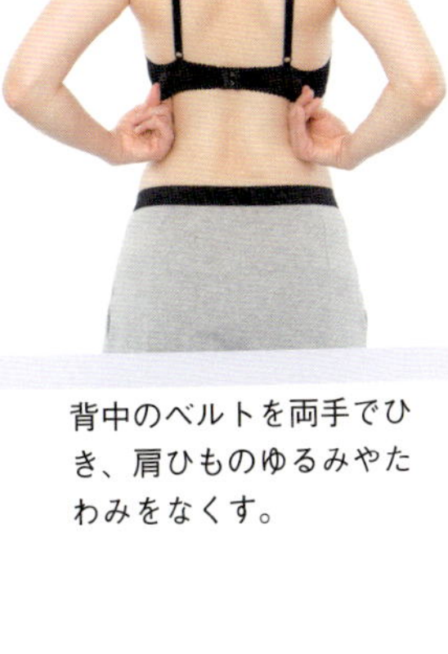

完成
ぐっとバストアップしつつ、無理に寄せた感はない美乳のできあがり。

姿勢も美しく
ブラをうまくつけられると、前に落ちていた肩も正しい位置に戻って**姿勢**までキレイに。

アンダーベルトのラインもチェックして
ブラを低い位置につけている人が多いもの。アンダーベルトのラインが横から見ても斜めになっていないことを確認して。

\教えておっぱい番長!/
バストにまつわる疑問 8

Q1 生理中は胸が張ります。乳トレをしてもいいの?

A1 むしろおすすめ!　むくみがすっきりしますよ

生理中に乳トレを行っても、まったく問題ありません。そもそもコリを解消したくて開発したメソッドなので、生理中でも大丈夫です。ただ、胸が張って痛いのに無理をするのはNG。あくまでも心地よく、ラクな体になるためのメソッドです。胸が張って気になる方は無理をせず、脇やデコルテなど痛みのない部分だけ行いましょう。

Q2 乳腺症のある私も、乳トレできますか?

A2 コリほぐしのメソッドを実践して

良性疾患とはいえ、痛みやしこりがあるとマッサージが辛い方もいらっしゃるでしょう。無理はせず、あくまでも心地いい範囲で行ってください。バストくるくる(p28)や脇肉つかみ(p40)など、乳腺症部分には触れないものを中心に。肩甲骨や鎖骨まわりのコリをほぐすと痛みがラクになる方もいるので、適度な乳トレはおすすめです。

Q3 閉経している年代は、もう関係ない?

A3 女性は何歳になっても女性です!

p10・22でもお話ししましたが、60代の読者の方も、セルフ乳トレで目覚ましいほどのバストの変化を見せてくれました。何歳であっても、乳トレをコツコツやれば必ず変わります。それに、ボディラインをキレイに整え、巡りのいい体を保つことは健康にもメンタルにもプラスに働きます。何歳であろうと、生涯乳トレをしてください!

Q4 乳がんの手術歴があります

A4 ドクターに相談の上、ぜひトライを

乳がんに限らず、外科手術をした部分は筋肉が癒着します。体のバランスが崩れてしまうので、触れたり動かしたりして筋肉に働きかけるのはむしろいいこと。傷のない部分から始めて、徐々に全体に行いましょう。ただ、手術の方式や術後の経過、回復のプランは個人差がありますので、必ずドクターに相談を。

Q5 プレママ&授乳中のママもやっていい?

A5 バストトップに触れなければOKです

妊婦さんや授乳中のママも、ぜひ乳トレを実践してください。バストまわりの血流をよくしてコリをほぐすことで、母乳の質も量もぐっとよくなるはずです。ただし、乳首には触れないこと。脇肉つかみ（p40）や親指ブスブス（p46）を中心に行ってください。

Q6 「イタ気持ちいい」ってどのくらい?

A6 ゆったり呼吸が続けられるレベルで

コリがひどくて張り付いた筋膜をはがそうとすると、かなりの痛みを生じます。とはいえ、セルフケアでそこまで力を入れる必要はありません。痛さで呼吸が浅くなったり、息を止めてしまうようでは強すぎます。深い呼吸を続けられる程度の圧に留めましょう。また、オイルなど手と肌のクッションになるコスメを必ず使ってください。

Q7 男性も乳トレってできる?

A7 ぜひ男性もトライして!

男性でも女性でも、肩などにコリを感じている方ならどなたでもOKです。別にバストがふっくら大きくなるわけではありませんが（笑）、肩コリ改善はもちろん、たとえば広がった胸郭がしゅっと閉じることでスタイルがよく見えるようになったり、胃腸の調子が整ったという声もよく聞きます。体調をよくするマッサージとしてぜひ取り入れてください。

Q8 大きすぎる胸が余計に目立つのでは?

A8 "美乳"のためのメソッドです

乳トレは、別に「巨乳になるための魔法」ではありません。コリや歪みから体をリリースするメソッドですので、心配はありません。乳トレで大きすぎるバストが小さくなるわけではありませんが、左右に広がったものが体の幅におさまりますし、下垂やバストの重みからくる肩コリも予防できるので、大きめバストにもおすすめです。

column 2

もっとキレイなバストを目指したいあなたへ

「もっとキレイなバストがほしい」「このメソッドをバストに悩む人にも伝えたい」など、プロを目指す方、プロの方へのお知らせです。サロンをお持ちの方におすすめです。

乳トレへの理解がもっと深まる!

おっぱい番長の「乳トレ」検定

乳トレの内容がしっかり身に付いているかオンラインで簡単にチェックできます。45分という制限時間内に30問の乳トレにまつわるクイズに答え、合格ラインに達したら「乳トレ検定合格認定証」が発行されます。

おっぱい番長の乳トレ検定委員会主催。受検料＋公式テキスト(『おっぱい番長の「乳トレ」』講談社刊）¥5,000、受検料のみ／¥4,500
http://www.shikaken.com/products/detail.php?product_id=1118

本格的に学べる!

乳トレティーチャー養成講座

「乳トレ」の理論と実践について、朝井麗華のサロン『気＊Reika』で直接教わることができる講座。「これで大丈夫かな？」と気になる圧の強さや筋膜がはがれる感覚も、実際に学ぶことができます。セルフケアの方法をセミナーなどで教えることができるようになります。

不定期開催。開講時にはサイトhttp://ameblo.jp/acailove/ にて告知。女性のみ。

乳トレメソッドで施術ができる!

サロン・プロ向け施術コース

「乳トレ」の理論に基づいた朝井式バストトリートメントの詳細を、『気＊Reika』サロンで習えます。バスト用のメニューを作りたいプロ、さらにレベルアップを図りたいプロ向け。(※バストのトリートメントなので、すでにサロンをお持ちの方のオプションメニューとしておすすめ)

不定期開催。開講時にはサイトhttp://ameblo.jp/acailove/ にて告知。

※価格は税抜き、2015年4月現在のものです。

女性の美と健康を目指す『気＊Reika』

経絡理論や筋膜理論を組み合わせた、経絡整体の施術が受けられる。「痛いけど効く！」と口コミで広がり、タレントやモデル、美容関係者がこぞって通うように。健康的で、生命力あふれるキレイが手に入る、奇跡のサロン。

東洋医学でいう「気・血・水」の巡りに働きかけ、不調を根本から改善できる。ダイエットやバストアップはもちろんのこと、ひどいコリや体調不良もすっきりと解消される。

「本来あるべき姿に戻す」がポリシーのため、フェイシャルの施術でも背中側を緩めるところからスタート。ぴたりと経絡のツボをとらえる神業は、プロの間でも絶賛されるほど。

DATA

東京都渋谷区恵比寿（住所は予約時に連絡）
営業時間／10:30〜19:00（最終受付）
不定休
《施術コース》
リノベーションボディ／120分 ¥25,000
美乳ボディリノベーション／120分 ¥25,000
気＊REIKA式ミラクルバスト（オプション）
¥4,500など。
http://ki-reika.com/
※予約は当サイトより受け付け
※価格は税抜き、2015年4月現在のものです。

著者プロフィール

朝井麗華（あさいれいか）

1979年生まれ。経絡整体師。
美しく健康になるサロン「気＊Reika」主宰。
臨床検査業界を経て、夫の闘病をきっかけに東洋医学や本当の健康とは何かを追究し始める。
アロマセラピーや東洋医学、中国整体「推拿（すいな）」の素晴らしさに目覚め、東京・恵比寿に「気＊Reika」をオープン。
日本一予約の取れないサロンとして、各界著名人らに施術を行う傍ら、テレビ、雑誌などのメディアでも活躍。
20代半ばまでは、ニキビ、アトピー、激太りに悩まされるも、「デトックス」によって大変身を遂げる。
著書に『おっぱい番長の「乳トレ」』（講談社）、『水毒を溜めない人は美しい』（大和書房）がある。

「気＊Reika」＝ http://www.ki-reika.com/
「気＊Reika」フェイスブック＝ https://www.facebook.com/asaireika
朝井麗華ブログ＝ http://ameblo.jp/acailove/
朝井麗華フェイスブック＝ https://www.facebook.com/reika.asai.5

DVD book
おっぱい番長の乳トレ
日本一の美乳教室

2015年6月1日　第一刷発行

著　者　　朝井麗華
発行者　　佐藤　靖
発行所　　大和書房
　　　　　東京都文京区関口1-33-4
　　　　　電話　03-3203-4511

ブックデザイン　シーツ・デザイン
写真　　　　　　黒澤俊宏
ヘアメイク　　　小林明子
イラスト　　　　須藤裕子
DVD制作　　　　広吉正幸
印刷　　　　　　歩プロセス
製本　　　　　　ナショナル製本

©2015　Reika Asai Printed in Japan
ISBN 978-4-479-92089-2
乱丁・落丁本はお取り替えいたします。
http://www.daiwashobo.co.jp/